CONTENTS

02 プロローグ

04 フリース

06 羊毛の種類

08 羊毛を洗う

12 糸の基本知識

13 カーディング

14 紡ぐ

18 編む

20 織る

22 フェルトを作る

28 ニードルパンチ

34 エピローグ

36 カタログ

羊って、見ているだけでも
かわいいけれど
ふわふわの毛をさわると
もっと幸せな気分になります。

この羊の毛から
毛糸ができているって
知っていましたか？
糸ができれば、セーターも
ブランケットも、敷物も
そして石鹸水でこすれば
フェルトもできる。
暮らしに必要なものが
いろいろ自分で作れるのです。

むつかしそうなんて思わないで
案外かんたんにできるもの。

さあ羊の世界を、ご案内します。

FIBRECRAFTS in UK

JN121503

フリース
Fleece

春になって毛刈りした
羊一頭分の羊毛をフリース。
一房をステイプル
といいます。

ステイプル
Staple

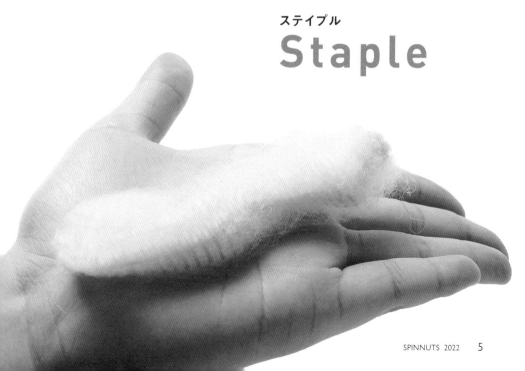

羊毛といってもいろいろあります。
とっても細いメリノから、とっても長くて太いものまで。

Merino　メリノ
細番手 60〜90 s(24〜16μ) より細いものもある／75〜126 mm
Softness やわらかいタイプ
マフラー・ニット・フェルトにおすすめ

New Zealand Halfbred　ニュージーランド ハーフブレッド
中番手 52〜58 s(31〜25μ)／7.5〜12.5 cm
Soft やわらかいタイプ
マフラー、ショール、ニット、服地におすすめ

Corriedale　コリデール
中番手 50〜56 s(34〜27μ)／150〜180 mm
Softness やわらかいタイプ
マフラー・ショール・ニット・フェルトにおすすめ

Shetland　シェットランド
中番手 50〜60's(33〜24μ)／50〜120 mm
Bulk 弾力のあるタイプ
マフラー・ショール・ニット・服地・ブランケットにおすすめ

Cheviot　チェビオット
中番手 48〜56's(35〜28μ)／80〜100 mm
Bulk 弾力のあるタイプ
マフラー・ショール・ニット・服地・ブランケットにおすすめ

Suffolk　サフォーク
中番手 54〜58's(30〜26μ)／80〜100 mm
Bulk 弾力のあるタイプ
ニット・服地・布団の中綿におすすめ

NZ Romney　ニュージーランド ロムニー
太番手 46〜50s(37〜33μ)／125〜175mm
Long&Luster 光沢のあるタイプ
ショール・ニット・敷物におすすめ

Lincoln　リンカーン
太番手 36〜40s(40〜39μ)／150〜350mm
Long&Luster 光沢のあるタイプ
ニット・敷物・フェルトにおすすめ

Wenslydale　ウェンズリーディール
太番手 44〜48's(38〜35μ)／200〜300mm
Long&Luster
光沢のあるタイプ
ショール・ラグ・ニードルパンチにおすすめ

Herdwick　ハードウィック
太番手 35μ＋／150〜200mm
Kemp 白髪っぽいタイプ
服地・ニット・敷物におすすめ

Drysdale　ドライスデイル
太番手 Coarse 40μ＋／200〜300mm
Kemp 白髪っぽいタイプ
敷物におすすめ

■「s（セカント）」とは、毛番手の単位。1ポンド（約450ｇ）の洗毛トップ状の羊毛から
　560ヤード（約512ｍ）の綛（かせ）がいくつできるかという単位で、英国ブラッドフォード式の羊毛毛番手。
■「μ（マイクロン）」は1／1000mm。繊維の断面の直径。羊毛の国際取引は「μ（マイクロン）」表示が主流。
■「Kemp（ケンプ）」とは、繊維の髄（Medulla メデュラ）が中空で毛髄のある繊維のこと。白髪っぽいタイプ。
　繊維としては太いが軽い。ケンプとヘアーがそれにあたる。

まずは、羊毛をきれいに洗ってみましょう。

羊毛を洗う

羊毛の洗いは、最初にゴミなどを取っておくこと。
もみ洗いはしない、手際良く、さっと脱水。
それを守ればフェルト化しません。

1　液体モノゲンを用意する

羊毛洗い用の中性洗剤・液体モノゲン
を使います。洗いたい羊毛の重量の3
〜10％で、汚れ具合に合わせて量を変
える。

2　羊毛を浸けこむ

羊毛の重量の30倍量のお湯（約40〜
60℃・脂分が多いほど高温に）を用意し、
液体モノゲンを加え、羊毛を1時間以上
浸けこむ。温度が下がらないように蓋な
どをする。

4　羊毛のつまみ洗い

3〜5％のモノゲン液を作る。タライに40℃のお湯と
モノゲン液を少しずつ入れ、ひと握りずつ羊毛の毛
先の泥や脂を指で押し洗いする。洗った羊毛は絞
らずそのままザルに上げておく。タライのお湯が濁っ
てきたらお湯とモノゲン液を入れ替えて洗う。

3 脱水

浸けこんだ羊毛をザルに上げる。軽く
水を切ったら、洗濯機で30秒ほど脱水
をかけ、汚水を一気にふり切る。

5 すすぎ・脱水

お湯をタライに溜めて、2回すすぎ、充
分にモノゲン液を洗い流す。ザルに上
げて軽く水を切ったら、洗濯機で30
秒ほど脱水をかける。

6 乾燥

風通しの良いところに、新聞紙の上な
どに置いて干す。この時フェルト化してい
る（絡まっている）ようであれば、濡れている
間にほぐしておく。

洗いあがった羊毛は陰干しします。
さあ、何を作りましょうか？

羊毛は
紡げば糸に
編めばニットに
織れば布に
まさつすれば
フェルトに
ニードル針で
チクチクすれば
人形など
色々な物が
作れます。

作品・松下幸子

作品・田中祐子

作品：坂田ルツ子・川藤ますみ

作品・前川優子

糸の基本知識

梳毛糸 繊維の方向が平行な糸

梳毛糸は繊維が平行になるように紡ぎます。背広や制服は、均一で丈夫な梳毛糸でできています。

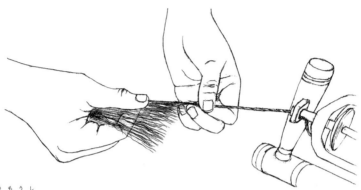

紡毛糸 繊維の方向がランダムで空気を含んだ軽い糸

紡毛糸は繊維の方向がランダムになるように紡ぎます。
ニット用の糸やツイードには、ふくらみのある紡毛糸が使われます。

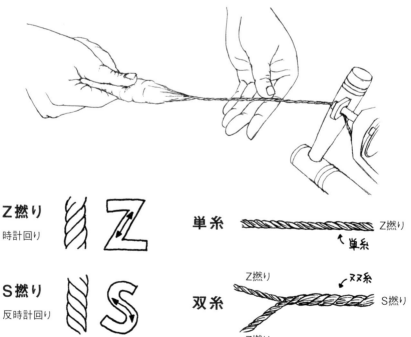

Z撚り
時計回り

S撚り
反時計回り

単糸
Z撚り
単糸

双糸
Z撚り
双糸
S撚り
Z撚り

カーディング　ハンドカーダーでカーディングする。

洗った羊毛は、手でほぐしてから
カーディングして、紡毛糸を作る準備をします。
色のブレンド、素材のブレンドができて
糸作りの世界が広がります。

1　羊毛を梳く

左のカーダーに羊毛をのせて、右のカーダー
で下から順に梳いていく。

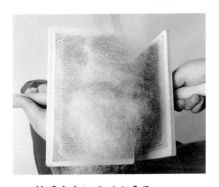

2　羊毛を左にのせかえる

右のカーダーに羊毛が全部移ったら、手を
返し左のカーダーの上にのせかえる。これを
2〜3回繰り返す。

紡ぐ 自分で紡げば
色も、太さも、自由自在に
どんな糸でも紡げます。

作品：西村明子

作品：松谷恭子

紡ぐ ― 単糸を紡ぐ スピンドルで紡いでみましょう。

1　羊毛をすこし引き出す

羊毛はほぐしながら、ひとつまみ繊維を引き出し、撚りをかける。

2　種糸をつくる

軸の先端に糸を掛け、合わせて種糸にする。軸棒にはストローを差しておくとボビンになる。

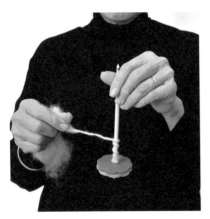

5　できた糸は軸に巻き取る

撚りのかかった糸は、軸棒に巻き取っていく。

6　糸の端は一ひねりして軸先に　　かける

糸の端を軸先にかけて、また4に戻って繊維をほぐし広げながら撚りをかけて糸を紡ぐ。これの繰り返し。

3 軸を回転させる

左手で軸先を時計回りに回転させ、繊維に撚りをかけると糸になっていく。

4 種糸を軸棒の下にずらす

できた種糸を軸の下にずらして巻く。糸の端は一ひねりして、軸先のカギに引っ掛けると止まる。そして同じように繊維を伸ばし、撚りをかけて糸をつくっていく。

7 できた糸は軸に巻いていく

ボビンであるストローの上に、できた糸は巻いていく。

■双糸の作り方

単糸を2ボビン用意したら、ボビンに竹串を指し、カゴか菓子箱で「ボビンホルダー」を作る。単糸2本の糸先を引っ張り出す。同じスピンドルを使って、単糸の時とは逆方向（反時計回り）に撚りをかけると双糸になる。

編む　できた糸を使って、編み物をしてみましょう。
編針さえあれば、いつでも、どこでも、何でもできる。

作品：笹谷史子

作品：松下をナ子

作品：木原ちひろ

作品：笹谷史子

織る

できた糸を使って、織り物をしてみよう。
織機がなくても、箱に糸をグルグル巻いてバッグが作れる。
織物とは、ピンと張ったタテ糸に
ヨコ糸が、上下上下にくぐってできたものです。 イラスト：猿澤恵子

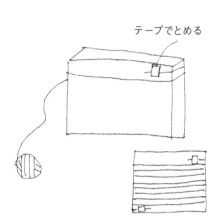

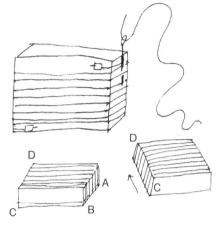

1 箱にぐるぐる糸を巻く

巻きはじめをテープで止め、巻き終わりも
テープで止めておく。

2 まちと底に糸をわたす

一本おきに針ですくうように糸を通して
いく。A→Bを縫い、B→Cに糸を渡す。
C→Dを縫い、Dで折り返す。折り返す時は
糸のすくいかたが隣と逆になるようにする。

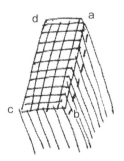

4 かばんの正面に糸を通す

上（カバンの口）に糸が回らないようにしながら、
a→b→c→d、d→c→b→aの順番で織って
いく。

➡ 詳しくは「スピナッツ58号」p.40〜41

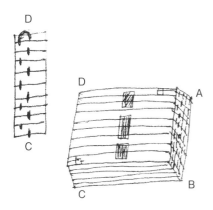

3　順番に織っていく

2の動作を繰り返す。糸端はテープで止めて
おく。糸が足りなくなってきたらくくって継ぎ
足していく。長過ぎると作業がしにくい。
横に渡った糸を真ん中あたりでテープで
止めておくとよい。

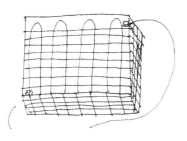

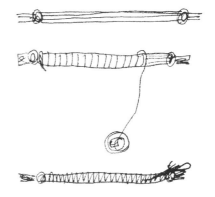

5　織り上がり

途中で止めていたテープをはがし、最後
まで織っていく。織り上がったら、箱を抜き
取る。糸端は中に入れ込むようにする。

6　持ち手をつける

何本かの糸（紐）を束ね、両端をくくる。もう
一本の糸（紐）をコイルのように巻きつけて
いく。端まで来たら針を使い、中に入れ込む。
持ち手を2本作り、糸で本体にしっかり止めて、
できあがり。

フェルトを作る　　指導：加藤ますみ

羊毛をほぐして均一に置き、水をかけ、巻き込んでローリングすれば
フェルトができます。平面から、チェアマットや敷物ができます。
ビニールを中に入れ、羊毛でサンドウィッチにすれば袋状のものができ
この技法からはバック、帽子、ルームシューズなど、何でもできます。
フェルト化することは、他の繊維にはない、羊毛独特の特長です。
それを生かして、ケータイやお財布も入るポシェットを作ってみましょう。

型紙

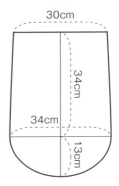

30cm

34cm

34cm

13cm

用意する物

羊毛［表：メリノ 青40g／裏：メリノ 茶40g
　　　／文様：白・黄・黄緑 各5g］
石鹸水［500mlペットボトルの湯に対して、
　　　茶さじ1杯くらいのせっけん液を入れ、フタに穴を開ける］
梱包用気泡シート（エアキャップ）で作った型紙
下に敷く用のビニールシート 2枚　ネット（網戸など）
ポリエチレンの袋 2枚
固形石鹸　布　タオル　はかり　ニッパー　洗濯板

内側B面　内側A面

表側B面　表側A面

1　文様用のプレフェルトを作る

凸凹面を上にした気泡シートの上に、各色
5gでタテヨコ2層に羊毛を置き、石鹸水を
かける。羊毛の上にネットをのせ、ポリエチ
レン袋を手にはめて、空気が抜けるまでこする。

2　薄くて柔らかい状態で止める

気泡シートに巻き込み、ローリングする。指で
つまんで少し繊維が持ち上がるくらいまで、一体
化したらプレフェルトのでき上がり。文様に
あわせてプレフェルトを切っておく。

3 表側A面に青の羊毛を置く

型紙をビニールのシートに油性マジックで
写し、型紙の大きさに1層目の青の羊毛10g
をタテ方向に置く。続けて2層目の青の羊毛
10gをヨコ方向に置く。

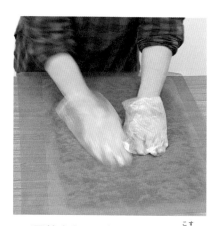

4 石鹸水をかけネットの上から擦る

空気を抜きながら擦ると、すこし泡が出る
程度。足りないときは固形石鹸をネットの
上からこすりつける。

7 表側B面の文様の上に青の羊毛を置く

表側B面の文様の上に青の羊毛を、ヨコ
方向に10g置き、その上にタテ方向に
10g置く。

8 青の面をしあげる

石鹸水をかけ、④と同じようにネットの上
から擦って空気を抜く。ひっくり返して
⑥と同じようにはみ出た羊毛を折り返す。

5 表側A面に文様を置く

プレフェルトの文様を青い羊毛の上（表側A面）に置き、気泡シートをのせ、その上（表側B面）にもう一度文様を置く。文様のある青い面が、気泡シートを挟んだ中表になる。

6 端を折り返す

気泡シートからはみ出た青い羊毛を、内側に折り返す。

9 内側A面に茶の羊毛を置く

内側A面に茶の羊毛20gを均一に置く。薄い所や穴の開いたところがないように作業する。石鹸水をかけてネットの上から擦る。

10 ひっくりかえして端を折り返す

ビニールシートをかけて、ひっくり返し、⑥や⑧と同じように、はみ出た羊毛を内側に折り返す。

11　内側B面に茶の羊毛を置く

内側B面に茶の羊毛20gを均一に置く。
石鹸水をかけて空気を抜いた後、ひっくり返して
端を折り返す。(⑨⑩と同じ)

12　全体をフェルト化させはじめる

これで羊毛は全部置き終わったので、いよいよ
しっかり縮絨させるのだが、はじめは羊毛が
動かないように、力を入れずに外から内に擦り
はじめる。

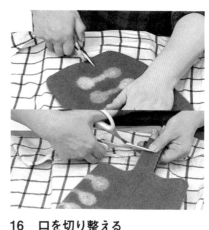

15　ローリングする

布に巻き込み、洗濯板の上でローリング
する。何度も方向を変えたり折り山をずらし
たりして、だんだん力を入れる。

16　口を切り整える

最初の型紙の大きさから60％くらいの
サイズになったら、ニッパーで形を整え仕上
げて、口を切りそろえる。

13　力を入れて縮める

羊毛が動かなくなったら、さらに力を入れてだんだん強く擦る。フェルト化するにつれて、もんだり、上から叩きつけたりして縮める。

14　口を切って裏返す

羊毛が一体化して表面がデコボコしてきたら、裏返せるだけの口を切って、気泡シートをとり出し裏返す。

17　表面を整える

切り口を手で擦ったり、表面を洗濯板にすりつけたりして全体の形を整える。

18　湯ですすいで金具をつけて完成

お湯ですすいで石鹸分を取り除く。脱水し、形を整え、金具のDカンを縫い付けて完成。皮ベルト等を付ければポシェットのでき上がり!（今回のでき上がり寸：縦24×横19cm）

ニードルパンチ

ニードル針でアクセサリーや人形を作る。
魔法の針で羊毛を刺せば
どんどん絡まって
おもいのままの形にできる。
そして何度もやり直しができる。

作品：林さとみ

＊ニードル針
針先がギザギザになっているので、そこに繊維がひっか
かって絡んでいく。本来フェルト化しない麻繊維や化学
繊維で不織布を作るために19世紀に考えられた技法。
近年は「羊毛フェルト」や「チクチク」などの呼び方でも
親しまれている。

ニードルパンチ 　指導：林さとみ

ニードル針で羊を作る

羊毛を使って、粘土細工のように
自由に造形する方法です。
ここでは針金を芯に使って、
自由に手足の動く羊を作ります。

用意する物
・ニードル針
・スポンジ台
　（風呂用のスポンジでもよい）、
・羊毛
・針金
　（ペーパーフラワー用の針金24番）
・他、ニッパーやハサミ、物差しを
　用意する。

3　針で刺す
全体に針を刺して毛を絡め、体の芯をしっかり
させる。このとき針で指を刺さないように気を
付ける。

4　白い羊毛を巻いていく
羊の白い毛を巻いていく。あまり固く仕上
げない方がふわふわ羊のかんじになる。

1　針金で骨を作る

針金で動物の四本足の骨組みを作る。端は
ハサミで切り、切り端はねじって中に入れ込
む。

2　茶色の羊毛を骨組に巻き付ける

骨組に茶の羊毛を巻き付け、針で刺す。

5　耳をつける

耳や鼻など、後からつけるものは羊毛片からつ
くる。少量の羊毛をスポンジの上で軽く針で
刺し、四つ折りにしてまた刺し、手の中で揉ん
で、思うような形にしたら、本体に針で刺して
取り付ける。

6　形を調整しながら仕上げる

羊毛を少しずつ足したりしながら全体の肉付
けをしていく。気に入らなければ何度でもはが
してやり直しができる。

ニードルパンチ 　指導：林さとみ

ニードル針で指人形を作る

指人形は、
頭と動体の2つのパーツを土台にする。
骨は入れても入れなくてもよい。
そして指穴は、最後に底を
ハサミで十文字に切って穴を作り、
指のサイズになるまで、
針で刺し固めて作る。

3　髪の毛や目鼻口を付けていく
全頁の「耳」を参照しながら、それぞれ色違い
の羊毛片を用意してから付けていく。

4　底を切って指穴を作る
ハサミで底を十文字に切る。

1 頭と動体の土台をつくる

白い羊毛を丸めて、針で刺して2つ作り、頭と動体をドッキングさせて土台をつくる。

2 スカートと襟を付ける

スカート等洋服は、平面で用意してから本体に巻き付けて、針で刺す。

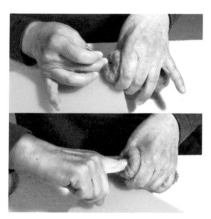

5 針で刺し固めて指穴を作る。

6 出来上がり

発　行：SPIN HOUSE PONTA
　　　　スピナッツ出版
発行日：2016年5月20日初版
　　　　2022年2月22日改訂
発行者：本出ますみ

デザイン：秋山英子
表紙写真：Swaledale（スウェイルデイル）in UK
裏表紙写真：Shetland（シェットランド）in UK

私にとっての羊の世界のはじまりは…
毛刈りしたての羊の毛を、糸車の傍らに置き、糸を紡いでいる
牧場のお母さんに出会ったことです。
その時「毛糸って羊の毛からできている!」ということを知りました。

それから夢中で糸を紡ぎ、セーターに編んだり
マフラーやブランケットを織ったり、フェルトを作ったり。
自分で暮しを作れることに、わくわくしました。

そのうち羊飼いを訪ねたり
羊一頭分の肉や内臓を、無駄なく料理することや
羊の毛の脂、ラノリンから石鹸を作ったり
羊をめぐる冒険はどんどんすすんでいきました。

ふわふわの羊の毛を、さわっているだけでも幸せだけど
糸を紡いで一枚のセーターができたとき
ほんとうにうれしく、こころが満たされました
糸を紡ぐこと、そのこと自体が楽しいのです。
そして、やってみたら案外かんたんなことも知りました。

1万年とも言われる人と羊の歴史のなかで
人は羊の乳を搾り、チーズやバター、ヨーグルトをつくり
肉を干し、血は一滴ももらさず腸に詰め、ソーセージをつくり
毛刈りをして糸を紡ぎ、衣服や敷物をつくってきました。
そして遊牧民の住まいのゲルは、フェルトでできています。
衣食住、そのすべてを羊からの恵みで暮らすことができたのです。

日本に羊がやってきて、ほんの百年余りですが
羊毛は今の私達には欠かせないものとなりました。
この羊からの恵みを皆で楽しく体験することは
21世紀を生きる私達に、きっと多くの事を教えてくれるように思います。

スピナッツ出版　本出ますみ

SPIN HOUSE PONTA.の定番商品

フリース

スピナッツは、UK・Aus・NZの牧場やクラッサーから選りすぐりのフリース（原毛）を送ってもらいます。ご予約も受け付けています。

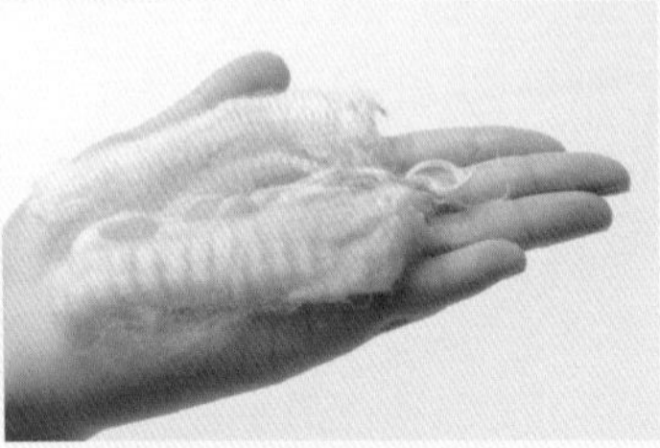

7,500円/kg～

1/2～1頭単位
300g以上で
おわけします

ハンドカーダー

針布は同じ、握り手の角度の違いで2種

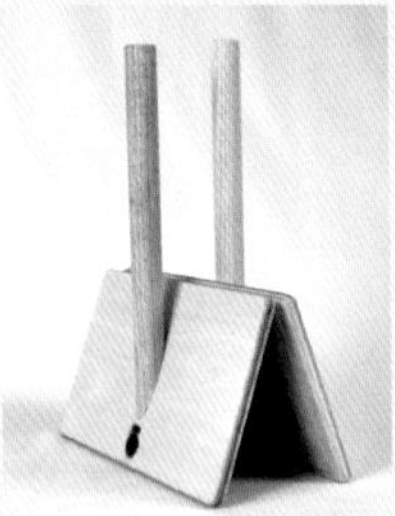

BEE（ビー）

（長い繊維に適）

13,000円

570g（2枚一組）。持ち手に角度がついているので、手首のスナップが効かせやすく、繊維の長い羊毛に適。

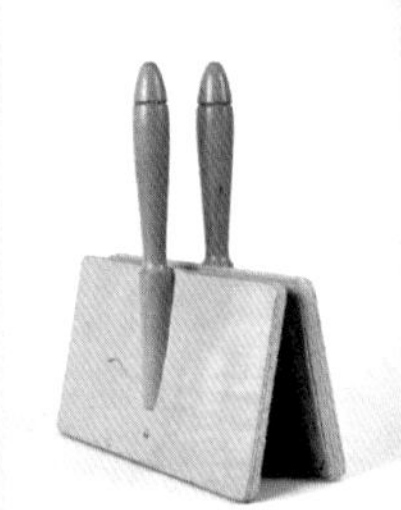

Twinker（ティンカー）

（短い繊維に適）

14,000円

500g（2枚一組）。英国式の形、持ち手がカーブがついて持ちやすい。繊維の短い羊毛に適。

スピニット（実用新案）

紡いで、編んで、ポケットに入る

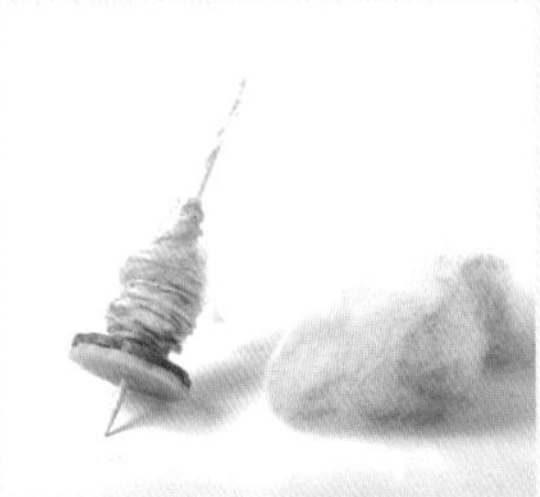

880円／1セット
10セットで7,040円
シリコン製の円盤は、枚数を増やせば重量が変わり、太い糸も紡げます。
別売り /
アフガン針6号長さ35㎝　440円

小枠

撚り止め用に、たて糸整経に、インテリアに

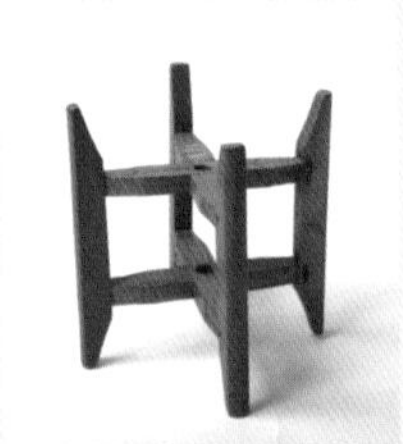

1個　330円
20個以上で
220円×20個で4,400円

スピンドル

軽いほど細い糸が紡げます

7g（レース手用）	2,300円
15g（木綿、細番手用）	2,500円
35g（標準、ニット等）	2,700円
ナバホ170g（敷物等）	8,000円

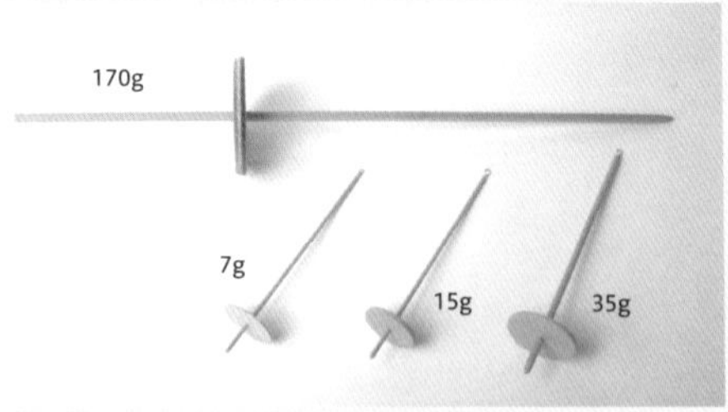

※価格は全て税込です

羊毛洗いの必需品！
液体モノゲン
液体になって使いやすくなりました。
1000mlで羊毛約10kg洗えます。

1,300 円
／ 1000ml
□羊毛の洗い方の
　説明つき

天然のやさしい香り
屋久島クスノキしょうのう（防虫剤）
屋久島で作られた「屋久島クスノキしょうのう」です。

1,650 円／ 8g 土佐和紙パック ×6 袋入
2,750 円／ 100g

オリジナル紡績糸
スピンハウスポンタでは、1年以上在庫になったフリースは、羊毛の特長を生かして紡績糸を作ります。
280回/mとしっかり撚りが入っていますので経糸に使えます。コーンは未撚り止め、カセは精錬済です。

コーン
カセ
しの糸

ブルーフェイスレスター22%
白／マフラー・ニット用（7番手紡毛単糸）
ブルーフェイスレスターとシェットランドとメリノという、柔らかい羊毛のトップ
3をブレンドしました。カシミヤとは違う柔らかさと膨らみ、そして羊毛らしい
タフな手ごたえを楽しんでください。
＊コーン 　　　 **880 円**/100g（1 コーンは約 500g）
＊カセ 　　　 **1,100 円**/100g（1 カセは約 220g）
＊しの糸（無撚糸）**50 円**/10g（1 玉 30 ～ 50g）

シェットランド28%
ライトグレー／服地・ニット用（7番手紡毛単糸）
しなやかでふくらみのあるシェットランドに、ハリとコシのあるチェビオットが
入っています。服地にもニットにもストール、そしてブランケットにも使えます。
＊コーン 　　　 **1,200 円**／100g（1 コーンは約 500g）
＊カセ 　　　 **1,300 円**／100g（1 カセは約 190g）

国産羊毛25%
ライトブラウン／服地・ニット用（7番手紡毛単糸）
国産羊毛コンテストでセカンドクラスだった国産サフォークなどを使って、
ふくらみのある糸が出来ました。服地、ニット、ブランケットに適しています。
＊コーン 　　　 **950 円**／100g（1 コーンは約 470g）
＊カセ 　　　 **1,100 円**／100g（1 カセは約 220g）

＊白、グレー、ブラウンの紡績糸は同じ 7 番紡毛単糸なので、交織することができます。ただし縮絨率が多少違いますので、 試織をお勧めします。

スピナッツ出版の本

2018年刊

羊の本
ALL ABOUT SHEEP AND WOOL

□羊の恵み、羊毛の扱い方、紡ぎ、
フェルト、紡績、リサイクル、羊の
歴史、世界観、そして日本の羊飼
いまで。羊と羊毛の全てを楽しめ
る一冊です。
□ B5 336 ページ
4,950 円（4,500 円）

スピナッツの本棚5
2008年刊

フェルト自由自在

□羊毛で帽子から敷物、パオテン
トまでつくる。フェルトテクニック
の虎の巻！
□正方形 72 ページ
1,980 円（1,800 円）

2022年改訂

羊からはじまる
楽しいこと

□羊毛洗い、カーディング、スピ
ニング、フェルト、ニードルパンチ
…。羊毛からはじまる、きっかけ本。
イベントやワークショップのテキス
トにもなります。
□ A5 40 ページ
550 円（500 円）

スピナッツの本棚1
2001年刊

羊料理の本

□羊飼い・武藤浩史と料理人・河
内忠一。世界各地の羊肉を使った
家庭料理、羊まるごと食べつくす、
内臓料理からローストまで。
□ A5 46 ページ
1,320 円（1,200 円）

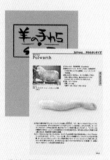

羊の手帖
手紡ぎ用羊毛のサンプルブック

□英国・AUS・NZ などの羊毛約
30 種についての解説と実物サンプ
ル付バインダー。ワークショップ「羊
毛素材学」でも作ることができま
す。※『本出ますみの羊毛の手引き』
が含まれます。
□ A4 34 ページ
7,150 円（6,500 円）
□プロフェッショナル版
9,350 円（8,500 円）

The Sheep Palette
羊からはじまるモノツクリガイドブック

□ 2012 年開催「ヒツジパレット
京都」のセレクト版。50 余の作
品の技術を紹介。紡・編・織・フェ
ルト…WOOL ワークの全てを総
覧できる一冊。
□ A5 変形 96 ページ
1,980 円（1,800 円）

できるシリーズ1　2016年刊

鈴木美幸
カード・ウィービング

□カードの四角に空けた穴に経糸を通し、カードをまわせば、文様ができる不思議。経糸整経から、カードの回転の違いで複雑な文様の紐ができる。

□ B5　28 ページ
550 円（500 円）

できるシリーズ2　2016年刊

星野利枝の原始機
いつでもどこでもウィービング

□棒と菜箸とロープがあれば織物ができる。くるっと巻いて収納可。木の枠を持たない織りの技法。南米では 10 枚綜絖まであったという、自由度高く奥の深い技法。

□ B5　28 ページ
550 円（500 円）

できるシリーズ3　2016年刊

伊藤久仁子の敷物
トワイニング 緯捩り織り

□織機ではなく、あるのは織りたいサイズに合わせた枠のみ。経糸を張り、緯糸を一目一目からませていく、シンプルにして力強い、敷物に適した織り方。

□ B5　32 ページ
550 円（500 円）

できるシリーズ4　2017年刊

新田恭子の
フリースタイルあばりあみ

□漁師さんが網に使う網針。この針１本で、平面から立体まで、縦横無尽に作れることに新田恭子さんが着眼し、テキスタイルアートとして、また暮らしを彩る手芸として紹介。

□ B5　20 ページ
550 円（500 円）

できるシリーズ5　2018年刊

本出ますみの
羊毛の手引き

□羊毛の毛質と仕分け方の手引き。『羊の本』から羊毛の使い方に関する部分をピックアップし、羊の品種の解説を追加。また、羊毛の細さの判断に役立つステイプルの写真も実物大で掲載。

□ B5　52 ページ
880 円（800 円）

スピナッツの本棚2
できるシリーズ6　2019年改定

はじめての糸紡ぎ

□フリースから羊毛洗い、染色、カーディング、そしてスピニングまで、これ一冊で OK！

□ B5　60 ページ
書籍のみ **880 円**（800 円）
書籍＋ DVD **1,430 円**（1,300 円）

スピンハウスポンタ

✳ SPIN HOUSE PONTA. 羊毛と出版

スピナッツ出版　〒603-8344 京都市北区等持院南町 46-6
tel 075-462-5966　fax 075-461-2450　sheep@spinhouse-ponta.jp

9784904443606

1925077005002

ISBN978-4-904443-60-6
C5077 ¥500E

https://spinhouse-ponta.jp